O Livro para Iniciados
Maçonaria

O Livro para Iniciados
Maçonaria

Delmar D. Darrah

Tradução, coordernação, revisão e adaptação:
Etevaldo Barcelos Fontenele
Wagner Veneziani Costa

Do original *The ABC of Fremasonry – A Book for Beginners*.
Direitos de tradução para todos os países de língua portuguesa.

© 2025, Madras Editora Ltda.

Editor:
Wagner Veneziani Costa

Produção e Capa:
Equipe Técnica Madras

Tradução, coordenação, revisão e adaptação:
Etevaldo Barcelos Fontenele
Wagner Veneziani Costa

Dados Internacionais de Catalogação na Publicação (CIP)
(Câmara Brasileira do Livro, SP, Brasil)

Darrah, Delmar D. Maçonaria: o livro para iniciados/Delmar D. Darrah; tradução, coordenação, revisão e adaptação por Etevaldo Barcelos Fontenele e Wagner Veneziani Costa. – São Paulo: Madras, 2025.
Título original: The ABC of fremasonry: a book for beginners
Título anterior: ABC da maçonaria

ISBN 978-85-370-0986-4

1. Maçonaria 2. Maçonaria – Rituais 3. Maçonaria – Simbolismo I. Título.

15-08960   CDD-366.12

Índices para catálogo sistemático:
1. Maçonaria: Simbolismo: Rituais

É proibida a reprodução total ou parcial desta obra, de qualquer forma ou por qualquer meio eletrônico, mecânico, inclusive por meio de processos xerográficos, incluindo ainda o uso da internet, sem a permissão expressa da Madras Editora, na pessoa de seu editor (Lei nº 9.610, de 19/2/1998).

Todos os direitos desta edição, em língua portuguesa, reservados pela

MADRAS EDITORA LTDA.
Rua Paulo Gonçalves, 88 — Santana
CEP: 02403-020 – São Paulo/SP
Tel.: (11) 2281-5555 – (11) 98128-7754
www.madras.com.br

Índice

Dedicatória 7
Apresentação 13
Prefácio 31
No Início 33
Primórdios da Maçonaria 37
Chegando ao Ponto 41
A Representação por meio de Símbolos ... 45
Essência da Verdadeira Religião 49
Conduta Imperfeita Não Consistente 53
Cercando o Globo 57
Anunciando suas Crenças 61
Melhorando a Fraternidade 65
Indo em Direção a Leste 67
Conhecimento é Poder 71

Perdendo sua Confiança 73
Tirando o Máximo Proveito 77
Negligência de Deveres Não Esperados 79
Uma Vez Maçom, Nem Sempre Maçom 83
Divisão dos Caminhos 87
Estranho, mas Verdade 91
Colhendo os Benefícios 95
Distintivos da Maçonaria 97
Viajando em Países Estrangeiros 101
Familiaridade Indevida 105
Valor nos Negócios 109
Pesado nas Balanças 113
Hospitalidade em Maçonaria 117
Seu Dever Mais Elevado 121
Zelo por Sua Causa 125
Conclusão 129

Dedicatória

Todos os homens são iguais perante o Grande Arquiteto do Universo. O trabalho de cada um é que o distingue dos demais...

Queremos agradecer a todos os Irmãos que se esforçam em se aprimorar. Que leem, estudam e pesquisam, sempre em busca da "verdade..."

Este livro é para todos aqueles que se dedicam, de corpo, alma e espírito, ao bem da nossa Instituição, para o bem da Maçonaria Brasileira.

Para os homens que cumprem com sua palavra, suas promessas e seus juramentos. Para os homens que estão comprometidos em melhorar o país em que vivem, pensando sempre no futuro de nossas crianças e da humanidade.

Aos homens leais, sinceros e verdadeiros!

O Homem comum nunca interpretará este texto como deve ser interpretado... Ele é simples, claro e objetivo, porém é um texto que começa a lapidar o que temos de bruto dentro e fora de nós.

Queremos agradecer a todos os Irmãos que permaneceram conosco na luta, contra a tirania, a ditadura e a intolerância que se deu nesse período... Recebam os meus votos de Luz, Amor e Paz!!! Quem está conosco sentirá essa energia...

Quero agradecer todo o empenho desses Irmãos para implementar no Brasil as Ordens de Aperfeiçoamento Maçônico (Arco Real, Cavaleiros Templários e Cavaleiros de Malta, Grande Loja de Mestres Maçons da Marca, Loja de Nautas da Arca Real, Loja de Mestre Escocês de Santo André, Escudeiros Noviços, Cavaleiros Benfeitores da Cidade Santa - CBCS e tantas outras...), permitindo que possamos ampliar ainda mais nossa rede de relacionamentos com os Irmãos do exterior e que a Maçonaria Brasileira seja cada vez mais respeitada em terras estrangeiras. Além disso, permite que os maçons do Brasil ampliem seus conhecimentos históricos e filosóficos.

Lembramos que os Graus Maçônicos, de sistema inglês, são o meio vital pelos quais se pode aperfeiçoar o valor de algumas virtudes, como Honestidade, Caridade, Assiduidade, Humildade, Fidelidade, entre tantas outras que fazem com que os homens possam evoluir.

Portanto, queremos dedicar esta obra aos Irmãos que nos estenderam as mãos... Com a grandeza dos nobres sentimentos que nos une na nossa Instituição. Seus exemplos nos serviram de fonte de inspiração para este trabalho e também para a nossa senda maçônica.

Que o Grande Arquiteto do Universo continue a irradiar Sua Verdadeira Luz em seus caminhos e lhes dê as forças necessárias para seguir adiante, pois a Maçonaria Brasileira precisa de homens como vocês.

"A Luz é elemento dissipador das trevas... É sinônimo de Verdade, Sabedoria, Liberdade, Conhecimento, Redenção. Quando um Candidato, ao ingressar na Instituição maçônica, passa pela Iniciação e, adentrando no Templo, 'recebe a Luz', significa que os mistérios ser--lhe-ão revelados."

Dedicatória

Fraternalmente,

*Wagner Veneziani Costa
Grão-Mestre Passado do Grande
Priorado do Brasil das Ordens Unidas
Religiosas, Militares e Maçônicas do Templo
de São João de Jerusalém,
Palestina, Rodes e Malta
Grão-Prior e Grão-Mestre Nacional
Passado do Grande Priorado do Brasil
da Ordem dos Cavaleiros Benfeitores
da Cidade Santa
Grão-Mestre Passado da Grande Loja de
Mestres Maçons da Marca Brasil
Primeiro Grande Principal do Grande
Supremo Capítulo do Arco Real do Brasil
Grão-Mestre de Honra da Grande Loja
Maçônica de Pernambuco – GLMPE*

Etevaldo Barcelos Fontenele
Grão-Mestre de Honra da Grande Loja
de Mestres Maçons da Marca Brasil
Grão-Mestre Passado da Grande Loja
Maçônica do Estado do Ceará
Presidente passado da Academia
Maçônica de Letras do Estado do Ceará
Ex-Secretário-Geral da CMSB –
Confederação da Maçonaria
Simbólica do Brasil

Apresentação

Sentimo-nos enriquecidos, felizes, e podemos até arriscar o termo com o sentimento de "realizados", em poder entregar, levar aos nossos futuros Irmãos e até mesmo aos já Iniciados, um livro com muita "LUZ..." Ensinamentos que seguirão vocês por toda a vida iniciática. Ao lermos cada tema aqui colocado, temos certeza de que muitos que já passaram por essas situações e irão refletir profundamente sobre essas questões. Por outro lado, aqueles que iniciaram sua senda agora irão pensar e imaginar o quanto é belo e precioso esse caminho...

Estamos radiantes por conseguir colocar no papel uma grande adaptação, e muitas vezes fomos mais adiante, interferindo e inserindo um pouco de nossas vivências. E olha que somando a experiências de nós dois, passamos dos 70 anos de idade maçônica...

Acreditamos que o maçom deva ser "educado" quando está na condição de Aprendiz de uma Loja, quando ingressa na Ordem, e precisa desenvolver essa qualidade mesmo quando é elevado ao Grau de Companheiro Maçom ou exaltado a Mestre Maçom. Até esse estágio, na vida maçônica, você ainda tem oportunidade de transmitir alguma coisa de ética, de moral, de aprimoramento e desenvolvimento interior. Daí para a frente, fica mais difícil. Temos de voltar a fazer nossos Mestres a lerem, estudarem, pesquisarem e apresentarem seus trabalhos em Lojas, dando o exemplo.

Apresentação

A Maçonaria é uma sociedade fraternal, muito antiga, secular, isso para não nos animarmos e dizer que é milenar, que exige a crença em um Ser Supremo como qualificação principal para a filiação e é dedicada à prática da tolerância, do respeito e da compreensão dos outros; ao fomento de elevados padrões de moralidade entre seus membros e ao trabalho caritativo.

Moral é para a Maçonaria uma ciência com base no entendimento humano. É a lei natural e universal que rege todos os seres racionais e livres. É a demonstração científica da consciência. E essa maravilhosa ciência nos ensina nossos deveres e a razão do uso dos direitos. Ao penetrar na moral no mais profundo da nossa alma, sentimos o triunfo da verdade e da justiça...

A Maçonaria certamente é isso e faz todas essas coisas, mas de uma maneira difícil de definir; ela parece ser "algo mais" além de tudo isso. É baseada na ideia de que, se alguém faz um esforço real para entender a si mesmo, consequentemente, sua motivação, seu comportamento e a divindade (ou seus agentes) oferecerão as experiências que facilitarão esse aprendizado.

Devemos nos esforçar para nos aprimorar espiritualmente e nos devotar à prática do bem, sem ostentação nem vaidade, mas sim como imperioso dever de Solidariedade Humana. Auxiliar o próximo não é um favor, e sim o cumprimento do dever. Traímos nosso juramento quando perdemos a oportunidade de fazer o Bem, presente desde a Antiguidade, manifestando-se em todos os domínios da vida, quer seja na esfera política, econômica, militar, científica, religiosa, artística, notadamente literária, ou nesta que nos concerne a esfera da Tradição e do Ocultismo. No domínio político, por exemplo, muitos dos movimentos políticos internacionais são nascidos nas Lojas onde alguns Irmãos desconhecidos se reúnem para mudar o Mundo.

Podemos observar essa dimensão adicional, em parte, porque a Maçonaria sobreviveu por vários séculos, enquanto que outras organizações fraternais aparentemente similares desapareceram; e também porque através de sua história ela polarizou as melhores mentes e os maiores líderes de suas épocas.

Até recentemente, pensava-se que o surpreendente ressurgimento da arte e da atividade intelectual chamada "Renascença" era o resultado da interação de duas escolas de pensamento: o Escolasticismo e o Humanismo. Apenas depois da Segunda Guerra Mundial, os historiadores reconheceram que a revitalização popular do misticismo ocidental, no fim de 1400, na forma do que hoje chamamos de

Tradição Hermética/Cabalística, foi uma terceira escola, que, aliás, exerceu uma das maiores influências.

Esses sábios, como muitos da comunidade acadêmica da Renascença, tinham uma visão particular do mundo que não é encontrada frequentemente entre acadêmicos, ou entre os ocidentais em geral, hoje em dia. Parece que eles consideravam o Mundo Físico, a Psique, o Espírito e a Divindade como um espectro do fenômeno, uma espécie de dimensão. Nessa dimensão, alguém poderia, com o treinamento adequado, ser consciente em vários níveis. O domínio dessa "Dimensão de Consciência", que se estende por toda a existência, do material ao Divino, e a habilidade para operar nos seus diversos níveis, era o objetivo que parece ter sido perseguido por uma grande parte da comunidade acadêmica renascentista nos séculos XVI e XVII.

Apresentação

Para nós, nosso foco precisa centrar-se na Inglaterra, no começo do século XVII, pois é ali que encontraremos os fatos que mais provavelmente levam à formação das primeiras Lojas Maçônicas, quase certamente é ali que acontece a primeira aparição pública da Maçonaria Especulativa. Não podemos nos esquecer de dizer que temos notícias desde 1251 de vários documentos nos Estatutos de Pedreiros... E também de notícias de que ela surge na Alemanha; mas isso é outro assunto, para discutirmos em outra obra...

Quando James I e VI chegou ao trono, em 1603, a situação intelectual estimulante que tinha caracterizado a Inglaterra Elisabetana mudou significativamente. James era um homem supersticioso, marcadamente temeroso a respeito das tradições místicas renascentistas, provavelmente porque as confundia com feitiçaria. Ele voltou as costas a todos os aspectos dessa área do pensamento renascentista; e parece certo que aqueles que quisessem desenvolver estudo na Tradição Hermética/cabalística tinham de fazê-lo com muita discrição. Essa situação perdurou por todo o turbulento século XVII e as atividades dessas pessoas são muito difíceis de se investigar depois de 1603.

Em torno de 1650, há evidências de envolvimento com as tradições místicas renascentistas entre os membros do *Invisible College*, o provável ancestral da *Royal Society*, que se reuniu primeiro em Londres e depois em Oxford. Achamos que também eles sentiram a necessidade de afastar-se, ao menos publicamente, daquelas tradições antes que a Sociedade fosse realmente fundada.

Tenham certeza de que aqui, nesse ponto, temos muito o que estudar. São centenas de obras maravilhosas, descrevendo a história, de uma forma que você nunca viu. Esta obra singela não tem essa intenção. Queremos mostrar que a Maçonaria é uma excelente Escola de desenvolvimento e aperfeiçoamento humano e que, unidos, podemos muito mais.

Conseguir um progresso diário na Maçonaria é um dever que cabe a cada um dos Membros desta Sociedade, e isto é algo que está expressamente em nossas leis. Qual o propósito que pode ser mais nobre do que a busca da virtude? Qual motivo pode ser mais atraente do que a prática da justiça? Qual instrução pode ser mais benéfica do que uma acurada elucidação dos mistérios simbólicos, os quais cultivam e enfeitam a mente humana? Tudo aquilo que os olhos alcançam, mais rapidamente desperta a atenção e grava na memória aquelas circunstâncias que vêm acompanhadas de sérias verdades. Assim, os maçons adotaram, universalmente, o método de inculcar os princípios de sua Ordem por meio de emblemas e alegorias. Essa prática conseguiu evitar que seus Mistérios chegassem ao alcance de todo noviço desatento e despreparado, de quem eles poderiam não receber a devida veneração.

Podemos sair da Loja e, ao apreciarmos a natureza, perceber que tudo que nos cerca é algo que Deus está a nos ensinar através de símbolos e alegorias. O Sol que se eleva no firmamento não é uma nítida imagem de Sua glória. Ele ilustra seu poder criativo, e em seu nascente e seu poente está uma alegoria de nossa existência mortal, a vida e a morte, e mais ainda a ressurreição. O milho plantado no solo nos mostra uma mesma mensagem, e os mais humildes dos animais no campo podem nos ensinar muitas lições.

Todas as leis da Natureza são Suas leis, e quanto mais as estudamos, mais compreendemos não se tratar de um mero resultado do acaso, mas a prova de um profundo e abrangente intelecto, ao lado do qual o intelecto do mais sábio dos homens não passa de uma brincadeira de uma criança. Seguramente, um dos principais objetivos de nossa vida na terra é o de podermos tentar compreender, embora de forma tênue, o significado de Seus grandes símbolos. Assim, existe um profundo significado na injunção incumbida a cada maçom: "fazer avanços diários no conhecimento maçônico". Isso equivale dizer que é o nosso dever estudar e aprender a interpretar o significado de nossos Símbolos e Alegorias, pois assim estaremos mais aptos a interpretar a grande alegoria da Natureza.

Não devemos esquecer de que, na composição da Maçonaria, muitas diferentes tradições e linhas de ensinamento se misturaram no decorrer das gerações; e, assim sendo, é bem possível que um homem exponha uma linha de interpretação e outro tenha uma linha um pouco diferente. Ademais, é possível que ambos estejam corretos e tudo o que tenha acontecido seja em prol do esclarecimento; um tenha se concentrado em um aspecto e o outro, num segundo aspecto. À guisa de esclarecimento do que acabo de dizer, é possível dar uma interpretação cristã a toda a Maçonaria Simbólica, inclusive todos os seus Símbolos. E, em vista do longo período em que a Maçonaria foi declaradamente cristã, ninguém haverá de contestar sua apropriada e correta interpretação geral. No entanto, antes que o Cristianismo existisse, outros sistemas semelhantes ao nosso eram conhecidos e cultivados; e, sem dúvida, uma parte de seus simbolismos e ensinamentos se juntaram à Franco-Maçonaria. Assim, é natural que uma interpretação não cristã também possa existir, e ser igualmente correta. Lembrando sempre que NÃO SOMOS UMA RELIGIÃO, mas acreditamos piamente em um SER SUPREMO.

Apresentação

Há algo que devemos ter sempre em mente ao estudar o significado e a origem de todos os costumes, práticas ritualísticas e símbolos: com o passar do tempo, os homens são capazes de esquecer a verdadeira origem e significado, e passam a inventar novas e ingênuas explicações. Eles criam novas lendas ao redor de antigos costumes e tradições, ou as importam de alguma outra escola ou credo. Esse tipo de tendência pode ser observada de muitas formas na Maçonaria. Mais de um significado está oculto por detrás de nossos silenciosos emblemas, e, normalmente, a aparente explicação dada no cerimonial não é o significado original, nem o profundo, a ele agregado.

Fazer o bem aos semelhantes significa empregar todo o esforço para lhes ser útil. O prejudicial que a Maçonaria se esforça a combater são, sobretudo, aqueles que tendem a separar os homens com as divisões exclusivas vindas da diversidade das suas crenças, crenças essas que a Maçonaria respeita, quando professadas de boa-fé. Enfim, trabalhar para nossa perfeição significa iluminar nosso Espírito à luz da Ciência e fortificar a nossa vontade contra as viciadas paixões. O maçom é um homem livre e de bons costumes e é, de modo igual, amigo dos ricos e dos pobres, se esses forem virtuosos. As duas primeiras qualidades estão intimamente ligadas entre si, porque é, precisamente, na própria boa moralidade que o maçom encontra a verdadeira liberdade, ou seja, a libertação dos danos e dos vícios mundanos que paralisam o pensamento e aprisionam a vontade. O infortúnio da sorte não influencia sobre sua amizade, porque ele a mede, não sobre a riqueza, mas sobre a virtude. Os maçons reúnem-se em Loja para aprender a vencer suas paixões, a submeter sua vontade e a fazer novos progressos na Maçonaria. A Ordem não se esforça em sufocar as paixões, o que resultaria quase impossível, porém, esforça-se em imprimir a isso uma direção menos danosa e em reter o ímpeto perigoso; é nesse sentido que ela submete a vontade dos seus adeptos e lhes facilita o progresso maçônico. A Loja é o local no qual os maçons se reúnem para cumprir seus trabalhos. No sentido literário, a Loja é a Oficina de trabalho dos maçons, ou seja, o local onde se dá e se recebe a Palavra que os gregos denominavam de *Logos*. Hoje, esse *Logos* não é segredo, nem mesmo para os profanos.

A Loja é voltada para o Oriente porque a Maçonaria, como primeiro raio de Sol, surgiu dessa parte. Dionísio da Trácia e Vitrúvio nos informam que os Templos dos antigos eram voltados para o Oriente; também hoje, vários Templos cristãos têm a mesma orientação. O comprimento de Loja vai do Oriente para o

Ocidente; a sua largura, do Meio-Dia à Meia-Noite, e sua altura, do Zênite ao Nadir, ou seja, da superfície da Terra ao infinito. Essas dimensões indicam que a Maçonaria é universal, não somente porque ela se dirige a todos os homens, mas sobretudo pela universalidade dos seus princípios e de suas obras. A Loja é sustentada por três grandes Colunas: Sabedoria para criar, Força para seguir e Beleza para ornamentar. Esses três termos foram sempre usados para indicar a Perfeição. Essas Colunas que sustentam a Maçonaria são: a Sabedoria que a fundou e preside suas deliberações; a Força, moral que só pela razão conduz seus adeptos a executar suas prescrições; a Beleza dos seus resultados que consistem em unir, iluminar e tornar felizes todos os membros de Família Maçônica. O Recipiendário é introduzido na Loja após se ter batido à porta...; esses golpes significam:

pedi e recebereis, procurai e encontrareis; batei e vos será aberta. A primeira máxima lembra que o maçom deve estar sempre pronto a acolher um pedido baseado na Justiça; a segunda, que ele deve usar da maior perseverança na busca pela Verdade para conseguir encontrá-la, e a terceira, que seu coração deve estar sempre aberto aos Irmãos que peçam.

Terminamos aqui...

A Loja, ou melhor, a Maçonaria, tem por Mestre somente a Deus; por guia nos trabalhos, a Inteligência e por finalidade de suas ações, a Virtude.

Etevaldo Barcelos Fontenele
Wagner Veneziani Costa

Prefácio

O objetivo deste pequeno livro é colocar nas mãos de cada homem prestes a entrar na Maçonaria, ou até mesmo daquele que há pouco se iniciou maçom, um pouco de informação à qual ele tem direito e que possa ajudá-lo a iniciar corretamente sua senda maçônica.

É feito todo esforço para designar um Candidato nas várias sindicâncias, mas, a partir do momento em que ele entrega os documentos devidamente preenchidos, é iniciado, mas a Loja parece se esquecer de sua obrigação e deixa que ele obtenha toda a informação maçônica necessária da melhor forma que ele conseguir. Não é de se espantar que muitos maçons percam seu interesse pela Fraternidade, que poderia ter sido mantido se lhe tivesse sido dado a informação adequada. A maior necessidade atual é de informação que represente de forma mais objetiva a realidade aceita pelos maçons sobre assuntos maçônicos e a relação que estes têm com a Fraternidade.

Espera-se que esta cartilha, este pequeno, livro, ajude a fornecer ao Irmão a informação que deverá claramente estabelecê-lo como um membro do Ofício e ajudá-lo a se tornar um maçom útil e inteligente.

No Início

Bem, meu caro Irmão, finalmente você é um maçom.

Você recebeu seu avental; penetrou no Templo do Rei Salomão; descobriu o significado da Câmara de Reflexões e depois o da Luz. Quando recebeu o regimento interno da Loja, selou sua lealdade para a maior Fraternidade que o mundo já conheceu. A razão em particular que fez com que você procurasse ser admitido nesta sociedade antiga e honrada só você a conhece.

Pode ter sido curiosidade. Se foi isso, sem dúvida, está satisfeito. Pode ter sido por aspirações sociais. Se for o caso, a oportunidade lhe é oferecida de se associar a alguns homens excelentes cujas amizades valem a pena cultivar e que poderão auxiliá-lo materialmente em seu próprio desenvolvimento pessoal. Pode ter sido por razões de negócio. Se for o caso, você se decepcionará, pois a Maçonaria não promete retorno pecuniário. Pode ser que quisesse se juntar a alguma sociedade secreta. Se for o caso, escolheu a melhor e a mais antiga.

Pode ser que seu pai tenha sido maçom e expressou o desejo de que você seguisse seu exemplo. Se for o caso, fez-se um alto elogio à sociedade da qual agora você faz parte. Se sabia algo sobre o caráter da Maçonaria e procurou se unir a ela de forma que pudesse participar de seu belo trabalho, e ser de alguma utilidade para seu companheiro, então sua ambição foi louvável e uma grande oportunidade de se fazer útil lhe foi oferecida.

Este fato ainda é verdadeiro, agora você é um membro da Fraternidade, com algumas obrigações e prerrogativas. A questão vital é: se a Maçonaria valerá algo para você, e se você valerá algo para a Fraternidade.

A resposta é: depende única e exclusivamente de você mesmo.

Primórdios da Maçonaria

É improvável que o atual sistema da Maçonaria tenha tido qualquer relação com a construção do Templo de Salomão. Aquele monumento de arquitetura foi aceito pela Maçonaria como um símbolo, e as muitas referências a ele são puramente simbólicas.

Lembre-se de que o objetivo da Ordem não é apenas ensinar história, mas sim verdades morais. Ninguém sabe quando ou onde se originou a Maçonaria. Não existem registros para mostrar os primórdios da Fraternidade.

Muitos elementos contribuíram para seu crescimento e desenvolvimento. Deus plantou no coração do homem um desejo de buscar a sociedade de seus companheiros, e esse anseio por companheirismo foi um grande fator contribuinte nas origens da Ordem. Por necessidade de construir uma forma de abrigo da inclemência do tempo, veio a arte da construção ou da arquitetura, e isso formou o plano ou o "material", instrumentos com os quais a Maçonaria foi desenvolvida. Em diversas partes do velho mundo serão encontradas ruínas de construções colossais que foram erigidas por associações de homens mostrando que foram unidos para levar a cabo seus planos.

Na Idade Média, havia grupos de trabalhadores especializados trabalhando pela Europa e envolvidos na construção de grandes catedrais. Entre esses trabalhadores especializados, a Maçonaria assumiu uma forma bruta de fraternidade e, a partir desse humilde começo, através de um longo processo de desenvolvimento, temos a Instituição de hoje. Existem muitas provas de que o atual sistema da Maçonaria Especulativa teve seu início nas antigas guildas de trabalho dos franco-maçons viajantes. Essas diversas sociedades tiveram um forte crescimento até o início do século XVII, quando tiveram dificuldade de se manter por causa da falta de realizações de construções. Em 1717, elas mudaram suas regras para admitir homens de todas as profissões e isso marca o início do atual sistema da Franco-Maçonaria Filosófica ou Especulativa. Alguns homens muito sábios tomaram os diversos materiais e implementos da arte operativa e, por meio de um sistema ímpar de símbolos e alegorias, desenvolveram a Maçonaria da qual desfrutamos.

Chegando ao Ponto

Nenhuma organização de tão alta importância é tão pouco compreendida como a Maçonaria. Ela não é uma Ordem no sentido em que este termo é aplicado às sociedades secretas do período, mas sim uma Sociedade, Fraternidade, Irmandade ou Instituição. Não é um clube, pois ela não diverte. Não é um sistema de sinais e apertos de mãos para um uso conveniente, pois não oferece nada no sentido de benefícios para doenças e morte, a não ser um devido preparo mental e filosófico. Na cerimônia pela qual você passou lhe foram dadas muitas definições sobre a Maçonaria. Algumas delas, talvez, foram mais ou menos entendidas. Disseram-lhe que é um sistema de antiga instrução moral hieroglífica ensinada por símbolos, emblemas e figuras alegóricas, a forma antiga e primitiva de ensinar aos homens. Reduzir isso a uma linguagem mais simples seria dizer que a Maçonaria é um sistema de moralidade disfarçado de alegoria. Mas definir a Maçonaria na linguagem mais simples possível seria dizer que é a ciência e a arte de viver corretamente. Como ciência, ela tem relação com a descoberta e a classificação desses princípios que visam à conduta moral correta; a arte diz respeito a viver esses princípios naturalmente, sem sacrifícios.

Tudo indica que os homens que formularam a Maçonaria tinham em mente a ideia de uma fraternidade cuja moralidade satisfaria a concepção de uma vida religiosa e que seria mais bem exemplificada em suas relações diárias com o mundo e uns com os outros. Na Sublime Ordem podemos encontrar uma mistura das melhores filosofias de todo o mundo. Isso não significa que aqueles velhos filósofos que vocalizaram essas verdades eram maçons, mas sim que os homens que formularam a Maçonaria colecionaram as melhores vocalizações dos bons e sábios homens do passado, cimentaram-nas em um belo mosaico e as chamaram de Maçonaria.

A Representação por meio de Símbolos

À medida que progredir na Maçonaria, serão apresentadas a você muitas ilustrações e alegorias com suas explicações complementares. Talvez o Irmão possa imaginar: "Para que me servirá isso?". A Ordem emprega o simbolismo para ensinar verdades morais, e as cerimônias através das quais você passará são dirigidas para esse fim específico. A Maçonaria possui uma linguagem de sinais e símbolos. Os homens antigos desenhavam imagens com carvão em rochas e ali gravavam seus pensamentos e ideias. Mais tarde, o mesmo procedimento foi seguido no ensinamento de verdades religiosas e filosóficas. A Maçonaria adotou o mesmo método para comunicar essas coisas que ela deseja imprimir nas mentes e nos corações dos homens.

Por exemplo, muito pode ser dito sobre o assunto da diligência, e você pode ouvir palestra após palestra sobre o valor dessa virtude, mas, quando se coloca à sua frente uma foto de uma colmeia e lhe dizem que esse é um símbolo de diligência, a verdade é impressa em sua mente de forma mais indelével e, sempre que você vir uma colmeia ou uma foto de uma colmeia, a ela será associado o simbolismo específico que ela possui, e a lição será mais intensa.

As crianças no jardim de infância aprendem os fundamentos do conhecimento pelo uso de objetos reais que elas conseguem ver e manusear, e dessa forma seus poderes de pensamento são estimulados e desenvolvidos. Então, um símbolo é um sinal visível ao qual um sentimento, emoção ou ideal espiritual é conectado. A Maçonaria usa os símbolos que são universais em sua aplicação, e você nunca poderá apreciar completamente a Fraternidade até que tenha estudado suas doutrinas ocultas e entenda seu simbolismo.

Essência da Verdadeira Religião

Você provavelmente ouvirá algum maçom comentar que a Maçonaria é religião suficiente para ele. Da mesma forma, ouvirá o Irmão que fez o comentário ser vigorosamente repreendido por algum clérigo que negará que a Maçonaria seja uma religião, em qualquer sentido.

Existem duas classes de maçons que negam que a Maçonaria seja uma religião: aqueles clérigos ultradevotos, que querem que as igrejas tenham um monopólio sobre toda a moralidade no mundo e forçam aqueles que desejam ser bons a fazê-lo sob as restrições que eles fornecem, e aqueles maçons que se recusam a reconhecê-la como uma religião porque, para isso, seria necessário mudar algumas de suas práticas para serem membros consistentes da sociedade.

Se for dito que a Maçonaria não é uma Igreja, nem um credo, nem um dogma, nem uma instituição sectária, ninguém negará a exatidão da afirmação, pois ela não oferece nenhum plano de salvação e não aponta nenhum caminho específico para o paraíso. Mas, se uma crença em Deus, a prática da prece, a aceitação da Bíblia como regra e guia de conduta, uma fé eterna na paternidade de Deus e a irmandade do homem não são elementos religiosos e, misturados da forma que estão na Maçonaria, não constituem uma religião, então muitas outras supostas sociedades religiosas deveriam renunciar às suas reclamações por distinção nesse caso.

Mackey, considerado uma das maiores autoridades em Franco-Maçonaria, diz: "A Maçonaria, em todos os sentidos da palavra, tem dívida somente com o elemento religioso que ela contém, por sua origem e por sua existência contínua; sem esse elemento religioso, mal mereceria o cultivo da sabedoria e do bem". A Maçonaria pede de seus súditos a mesma conduta moral reta que a Igreja. No entanto, não interfere de forma alguma no trabalho da Igreja e está sempre pronta para dar assistência a essa grande instituição espiritual. Ela encoraja a filiação à Igreja e garante apoio leal em toda elevação moral. Assim como também não interfere nas demais religiões. Acredita que, se o homem crê em um Ser Supremo, já é suficiente para que ele possa evoluir, com toda humildade...

Conduta Imperfeita Não Consistente

Não é o objetivo pregar nestas poucas e breves páginas, mas, ao lhe apontar essas coisas que já deveria saber como maçom, é necessário dizer algo sobre seus hábitos pessoais. A Fraternidade Maçônica é uma instituição moral e, portanto, para manter seu posicionamento no mundo, deve exigir de seus membros um caminho de conduta que será consistente com as coisas que ensina sobre seu altar, pois pregar sem praticar não ajuda em nada. Portanto, se você é dado ao uso da profanidade, não pode continuar com o hábito e ser um maçom representativo, pois, a partir do momento em que você entrou pela porta de um Loja até quando é exaltado a Mestre Maçom, a cerimônia inteira é dirigida à honra e glória do Grande Arquiteto do Universo, e Lhe prestar o devido respeito é uma obrigação maçônica suprema. Se você joga por dinheiro, está praticando algo que a Maçonaria desaprova, e, se der continuidade, isso poderá lhe custar sua posição na Fraternidade.

Se você tem o hábito de frequentar locais de reputação duvidosa, está sujeito à disciplina que a Fraternidade impõe para infrações da lei moral. A Maçonaria não é uma sociedade de proibições, mas ela insiste em moderação. Ela não tolerará embriaguez nem perdoará vadiagem em salões. Se você for um desses homens que consegue tomar uma bebida de vez em quando e mantém o autocontrole, a indulgência na inclinação é supostamente só de sua responsabilidade. Se costuma frequentar um bar, entre pela porta da frente e saia pela porta da frente. Nunca se deixe ser visto à espreita em um beco, entrando pela porta dos fundos, pois todos saberão que você tem vergonha de si mesmo e que está fazendo algo que seus amigos desaprovam.

A Maçonaria apresenta a cada um de seus membros um padrão de conduta reta. Cabe a cada um direcionar sua conduta de acordo com sua própria vontade e inclinação, estando sujeito, no entanto, à "vara do castigo" por violações intencionais de seus preceitos.

Cercando o Globo

Você já ouviu muito sobre a universalidade da Maçonaria. Essa expressão é, muitas vezes, mal compreendida por um maçom recém-iniciado, e ele é levado a acreditar que a Maçonaria é a mesma no mundo inteiro. O termo universalidade, como o usado na Maçonaria, não significa que a Fraternidade se espalhou pela face do globo, mas sim que os princípios da Ordem são universais em sua aplicação.

A Maçonaria é difundida muito amplamente, mas nem tudo dela é genuíno e legítimo. Uma sociedade de tamanho esplendor deve necessariamente ter seus imitadores, e em várias partes do mundo brotaram o que se chamam de organizações clandestinas. Essas sociedades alegam ser maçônicas, mas, na verdade, praticam os mesmos ritos e cerimônias dos maçons legítimos. Existem Lojas irregulares espalhadas por todo o país, mas elas são irregulares porque não respeitam os oito princípios da Maçonaria Inglesa. Em muitas de nossas cidades grandes podemos encontrar Lojas que alegam ser regulares e que oferecem todo tipo de estímulos para atrair visitantes, mas são irregulares. Em muitos países estrangeiros existe Maçonaria que não é reconhecida.

Temos que ter muito cuidado, para não entrarmos em certas arapucas. Procurem sempre se informar sobre quem são, quais suas Potências. Pesquise sempre! Qualquer Maçonaria que não cumpra os oito princípios da Maçonaria é vista como ilegítima e irregular, e todos os maçons regulares são proibidos de ter intercurso maçônico com maçons que pertençam a essas Lojas, tidas como irregulares.

    Antes de viajar para países estrangeiros, seria aconselhável familiarizar-se com a condição da Maçonaria nesses países e procurar saber quais são as Grandes Lojas que têm Tratados com as Grandes Lojas do Brasil. Em quase todos os lugares no mundo civilizado é possível encontrar alguns maçons regulares para quem um viajante pode solicitar as cortesias maçônicas a que tem dircito.

Anunciando suas Crenças

Não pense que a Maçonaria é um sistema de sinais e apertos de mãos para uso conveniente ao viajar pelo país e anunciar suas crenças. Eles são meros incidentes da Fraternidade, que os utiliza em sua esfera própria. É contrário à ética da Maçonaria usar sinais e apertos de mão fora da Loja. Em caso de perigo iminente, você já foi instruído sobre o que fazer.

Se ainda não atingiu o Grau de Mestre, não saberá fazer esse sinal, mas, mesmo assim, isso não lhe dá o direito de cumprimentar cada estranho com os modos de reconhecimento maçônicos. Apertos e sinais são usados na Loja como um meio de instrução, e raramente há uma ocasião que exija o uso deles nas atividades cotidianas da vida. Quando você é apresentado a um homem que usa algum emblema maçônico, não lhe dê um aperto de mão ou sinal para informá-lo que você também é membro da Fraternidade.

Se você quer que ele saiba do fato, conte-lhe com franqueza, e, se ele quiser testá-lo, ele o fará da sua própria maneira. Não dê um sinal maçônico para seu amigo do outro lado da rua, nem use frases de efeito maçônicas em lugares públicos. Essas coisas tendem a depreciá-lo na visão de maçons sérios e inteligentes. Mais uma vez, é prudente que não use emblemas maçônicos em seu local de trabalho nem em seus papéis de carta, isso não pega bem e existem pessoas que poderão acusá-lo de usar a Fraternidade com objetivos de negócios e o evitarão. Não fale sobre assuntos da Loja na esquina da rua nem em lugares públicos. A Maçonaria é uma instituição reservada. Ela não impõe o olhar público nem quer que seus membros discutam suas questões diante dos "profanos". Os maçons se fazem conhecer pela forma como eles se conduzem diante do mundo. O silêncio e a circunspeção são virtudes maçônicas.

Melhorando a Fraternidade

Sem dúvida você deve ter notado quantos procedimentos na Maçonaria são completamente novos para você. Talvez tenha notado algumas coisas que não combinam com você e que gostaria de mudar. Tudo isso é muito natural, pois só um homem muito medíocre não possui ideias próprias. Mas não tente melhorar a Fraternidade, porque, se o fizer, vai se desapontar. Se seu conhecimento de organizações fraternas foi obtido em outras sociedades, isso pode criar uma tendência da sua parte de querer trazer à Maçonaria algumas das coisas com as quais você se identificou em sua primeira experiência nessa linha. O essencial da Maçonaria é praticamente o mesmo em qualquer lugar onde pode ser encontrada. Você descobrirá que seu ritual é pronunciado de formas diferentes em diversas jurisdições, mas os fundamentos sobre os quais ela é fundada são os mesmos em qualquer lugar que a Maçonaria exista. É bastante provável que a Fraternidade mantenha sua forma atual há quase 300 anos. É esse fato que lhe confere um charme peculiar e desafia um olhar de veneração. Se ela fosse mudada para corresponder aos caprichos de cada período, deixaria de ser Maçonaria.

Indo em Direção ao Leste

Pode ser que você realmente esteja interessado na Maçonaria. Talvez tenha sentido que gostaria de participar do trabalho da Loja e, em algum momento, vir a governar seus Irmãos como um Mestre ou ainda um Mestre Instalado. A promoção na Maçonaria só pode ser adquirida por meio do serviço de Ofício. Essa deveria ser a regra, e não o tempo...

Se você deseja prosseguir na Maçonaria visando receber suas distinções honrosas, a primeira coisa que deve fazer é frequentar as Sessões da Loja e executar com entusiasmo qualquer serviço que possa lhe ser atribuído. Aprenda o trabalho, ajude a posicionar os Candidatos para Iniciação e faça o que puder para promover o bem-estar de sua Loja. No tempo certo, você poderá ser convidado a fazer parte da administração, ocupando um cargo, e/ou até a presidir, sendo devidamente eleito Venerável Mestre de sua Loja; mas, o que quer que você assuma, faça o melhor que puder. Não demorará até que a Loja reconheça seu valor e encontre um lugar para você entre os Oficiais e Dignidades. Não existe um caminho real na Maçonaria. As honras que ela concede vêm por meio de devoção altruísta à causa.

Não se deve esquecer que participar do trabalho da Maçonaria traz automelhoramento. Pelo fato de o Ritual ser uma ciência exata, sua memorização é um grande estímulo para desenvolver a mente e fortalecer os poderes de raciocínio. A participação no trabalho ritualístico da Loja é valiosa para superar a timidez que afeta muitos homens. Fora a ambição para promoção oficial, vale muito a pena se devotar ao trabalho da Maçonaria, por causa do autoaperfeiçoamento que você obterá.

Conhecimento é Poder

Se você for do tipo que tem uma mente inquiridora, vai querer saber algo da Maçonaria e muito naturalmente procurará aqueles livros que dão informação confiável sobre o assunto. A Maçonaria, assim como todas as outras grandes instituições, possui sua história, literatura e tradição. Não pense que ritualismo e Maçonaria são a mesma coisa. Ritualismo é desenvolvimento em forma teatral e constitui a parte da razão (matéria), ou seja, é meramente o veículo que carrega a Maçonaria para os corações e as mentes dos homens (emoções – a parte espiritual ou transcendente do homem).

A habilidade de recitar o Ritual não significa um conhecimento da Instituição. Sua primeira obrigação como estudante de Maçonaria será obter uma cópia da nossa Constituição, do Regimento Geral da Federação, do Regimento Interno da Loja, dos Estatutos da Loja e aprender o que é esperado de você em suas relações legais com a Fraternidade.

Perdendo sua Confiança

Existem homens inescrupulosos dentro da Fraternidade Maçônica, bem como fora dela. Como você é novo na Sociedade e ainda não está bem informado, pode ser que alguns maçons tentem fazer de você a presa financeira deles. Talvez mesmo agora algum Irmão que você tenha conhecido na Loja o tenha abordado e pedido um empréstimo ou uma pequena quantia de dinheiro. Não há nenhuma obrigação maçônica a exigir que você empreste dinheiro a seus Irmãos. Você deve aliviar o sofrimento de um Irmão dentro de suas possibilidades, e somente você pode julgar isso. Se emprestar dinheiro a maçons, não o faça de forma maçônica, mas sim como uma proposta de negócios. Fazendo isso, não se decepcionará maçonicamente se o dinheiro não lhe for pago. Talvez algum Irmão que o ajudou em sua indicação tenha pedido algum favor. Talvez você tenha se sentido com a obrigação de atendê-lo por causa dos serviços prestados a você. Qualquer que seja a instrução que tenha recebido, ela pertence a você, e, quando adiantou seu dinheiro para os Graus na Maçonaria, você comprou tal instrução e pagou por ela, mas não tem nenhuma obrigação com ninguém por serviços prestados ao indicá-lo. Se estiver disposto a emprestar dinheiro a maçons, faça-o da mesma forma e espírito como faria qualquer empréstimo comercial, e depois recolha a dívida quando devida, como qualquer outra obrigação de negócios. Aplique essa mesma regra em todas as suas negociações com membros da Fraternidade, pois assim se poupará de decepções e perdas de amizades. Se em algum momento você pedir dinheiro emprestado de seus Irmãos maçônicos, faça-o de forma profissional, dando qualquer garantia que possa ser pedida, e então seja escrupuloso para pagar a dívida quando devida. Somente dessa forma a confiança maçônica pode ser mantida. Há membros do Ofício que estão sempre prontos a tirar vantagem de suas afiliações maçônicas para obter favores especiais e adiamento ilimitado no pagamento de dívidas contraídas. A Maçonaria não garante nem aprova conduta dessa espécie. Ela espera que cada maçom dê conta de suas obrigações financceiras de forma adequada, não só com todo o mundo, mas especialmente com seus Irmãos na Franco-Maçonaria.

Usa-se o termo Franco-Maçonaria para significar que cada integrante é um Homem Livre – um Livre-Pensador.

É muito comum, no início, pensar que se trata de uma Maçonaria francesa, coisa que não tem nada a ver com a Franca; Franco = Livre.

Tirando o Máximo Proveito

O que a Maçonaria vai valer para sua vida depende completamente de si mesmo. Você vai obter da Fraternidade só o que der a ela. Portanto, se você não lhe dá nada, não pode se desapontar se não obtiver nada. Muitas vezes você ouvirá homens dizerem que a Maçonaria nunca lhes trouxe nada de bom. Muitos desses homens possuem dívidas ou podem ter sido suspensos por não pagamento de dívidas, além da falta de frequência. A verdade é que entraram na Fraternidade por motivos puramente egoístas. Eles esperavam que a Ordem pudesse ser útil nos negócios, na sociedade ou na política e, enquanto nunca fizeram nada para a Instituição, ainda assim tentaram obter ganhos que não mereciam e se decepcionaram. Só porque um homem paga suas dívidas em dia, não é razão para que ele deva esperar reivindicar os benefícios da Fraternidade.

Para esperar que a Maçonaria lhe sirva em algum aspecto, você deve comparecer às Sessões de sua Loja e contribuir com seu tostão para o bem-estar da Ordem. Não é necessário que você se torne um ritualista e devote muito tempo a empreitadas ritualísticas para garantir os benefícios da Instituição; só é preciso que mostre sua disposição em ser útil no que puder. Certa vez pediram a Confúcio, o filósofo chinês, que dissesse em uma única palavra qual era todo o dever do homem, e ele respondeu: reciprocidade. Essa é a tônica da relação maçônica, pois o todo do dever maçônico é recíproco. Portanto, antes que você procure por favores maçônicos, certifique-se de que os merece, e então não ficará decepcionado se eles não aparecerem quando pedidos.

Negligência de Deveres Não Esperados

A Maçonaria não pede a nenhum homem que negligencie seu lar ou seus negócios pelo seu bem-estar. Muito pelo contrário, pois coloca sua família sempre em primeiro lugar. Ela organiza suas diversas atividades de maneira que não interfira de forma alguma nesses deveres que todo homem tem com seu próprio bem-estar. Certamente você notou alguns Irmãos que dedicam grande quantidade de tempo à Fraternidade, que comparecem às sessões de Loja quase todas as noites durante a semana e às sessões de prática no domingo. E também aqueles que frequentam sessões de trabalho e escolas de instrução longe de casa. Essa questão é provavelmente da conta deles, e pode ser que estejam tão estáveis na vida que podem dedicar muito tempo ao trabalho maçônico, o que, de fato, é uma condição muito feliz.

O primeiro dever de um homem é com seu trabalho e seu lar, e a Maçonaria não espera tirá-lo de nenhum dos dois. O trabalho da Ordem é muito fascinante; a memorização do Ritual causa uma rivalidade amigável por excelência e os elogios ao bom trabalhador alimentam sua vaidade, então ele logo se vê buscando os holofotes, e seu trabalho e sua família acabam sofrendo, consequentemente. Existe um meio-termo feliz que deve ser mantido. O mais alto sucesso em qualquer campo é baseado na velha regra de fazer bem uma coisa. O lugar para gastar sua energia maçônica é na sua própria

Loja e, ao fazê-lo, encontrará grandes oportunidades de satisfazer sua ambição maçônica e não ser tentado a negligenciar nem sua família nem seu trabalho.

Uma Vez Maçom, Nem Sempre Maçom

Um homem entra na Maçonaria por livre e espontânea vontade. Ele sai da mesma maneira. Como não havia nada de compulsório em sua união com a Fraternidade, não há absolutamente nada obrigatório quanto à extensão do tempo que você deverá permanecer como membro. É privilégio seu poder se afastar a qualquer momento em que ache adequado. É claro que à Fraternidade é reservado o direito de determinar o motivo que o leva a cortar suas afiliações maçônicas. É permitido que todos os homens estejam sujeitos a mudanças de opinião. Se a qualquer momento você sentir que não pode ser leal às obrigações da Maçonaria, então deve se afastar imediatamente. Mas lembre-se disto: não se afaste da Maçonaria porque se desentendeu com algum membro por algum motivo, ou porque os membros não o apoiam em seus negócios, ou porque não consegue as coisas do seu jeito na Loja, pois, se o fizer, a Fraternidade saberá imediatamente que eles cometeram um grande erro quando fizeram de você um maçom. Para sair da Fraternidade, o Irmão só precisa pagar suas mensalidades pendentes e pedir seus documentos, uma carta que o permita entrar em outra Loja dentro do prazo, ou demitir-se da Maçonaria. Em seu devido tempo você receberá seu documento de demissão, e sua conexão com a Fraternidade será absolvida. Não é necessário dar nenhuma razão quanto a por que você quer uma dispensa, pois se não tiver nenhuma dívida pendente, isso não pode lhe ser negado. Lembre-se de que, quando você recebe a dispensa, perde todos os privilégios da Fraternidade, como visitar Lojas, sepultamentos maçônicos e os benefícios da sociedade tanto para você quanto para sua família, até que se regularize em outra Loja.

Divisão dos Caminhos

Talvez já tenham lhe solicitado o que se chamam de Graus Elevados. Certamente você ficou confuso quanto ao que se aludiu como dois caminhos. Originalmente, só havia os Graus de Aprendiz Maçom e de Companheiro Maçom, mas, através de um longo período de evolução e amplificação, os essenciais da Fraternidade são agora apresentados em três Graus, chamados Graus da Maçonaria Simbólica, ou seja: Aprendiz, Companheiro e Mestre Maçom. A esses Graus foram acrescentados os Graus que podem se denominar Ordens de

Aperfeiçoamento ou Graus Complementares, ou ainda Elevados, do Rito de York, Adonhiramita, do Rito Escocês e, apenas aqui no Brasil, os do Rito Brasileiro. Para estar capacitado a receber os Graus em qualquer um dos sistemas, o peticionário deve ser Mestre Maçom e estar em boa situação em sua Loja. As Ordens de Aperfeiçoamento, acima do Grau de Mestre, são adequadas para todos os Ritos e englobam aqueles do Capítulo do Arco Real, os dos Cavaleiros Templários e Cavaleiros de Malta, Loja da Marca, que também são dois Graus: Mestres Maçons da Marca e Nautas da Arca Real; Graus Aliados, Cruz Vermelha de Constantino e muitos outros.

Os Graus dos Ritos Adonhiramita, Brasileiro e Escocês Antigo e Aceito são 33, começando com o quarto Grau e estendendo-se ao Grau 33. O melhor conselho que pode lhe ser dado é: tome os dois caminhos, se puder. Se só puder tomar um, então deve decidir a questão de acordo com seus próprios gostos. Todos os supostos Graus Elevados são belos e instrutivos, e completam, por meio de drama e alegoria, muitas das lições sugeridas na Loja.

Estranho, mas Verdade

Pode ser que durante sua primeira admissão na Loja você tenha por acaso visto alguém usando um avental branco que provocou uma pergunta em sua mente: "Como será que esse homem veio parar aqui?". Talvez esse mesmo homem estivesse olhando para você e se perguntando a mesma coisa. Você sabe que não há absolutamente nenhuma estimativa das ideias que alguns de nós temos em relação aos outros companheiros. Então o Irmão vai se surpreender com alguns dos sujeitos que encontrará na Fraternidade. Talvez tenha notado que quem lhe vendeu ações falsas é um trabalhador ativo na mesma Loja da qual acaba de receber seus Graus. Pode ser que seu vizinho, que você sabe que tem diversos problemas, tenha sido o primeiro a cumprimentá-lo com muita bondade fraterna. Lembre-se apenas disto: existem hipócritas dentro da Fraternidade assim como fora dela. Você encontrará muitos homens na Maçonaria que são falsos com suas crenças, mas isso não é culpa da Fraternidade.

Houve maus homens em toda sociedade humana desde o início dos tempos e, provavelmente, haverá até que o tempo não exista mais. É muito difícil entender como os homens podem assumir as obrigações da Maçonaria e fingir uma fé nos ideais da Fraternidade, e por sua conduta diária mostrar que são inconsistentes. Mas esse é um dos problemas da sociedade humana. Eliminar a escória da natureza humana, rejuvenescer a humanidade e implantar no coração e na mente os ideais da humanidade são o objetivo da Maçonaria. Portanto, quando perceber na Fraternidade alguém que você sabe não corresponder aos seus ideais, deve se alegrar por ele estar cercado por influências que podem causar uma mudança nele. Não importa muito o que seu companheiro faz, você deve se preocupar em se portar de forma que ninguém possa apontar o dedo para você e sussurrar: hipócrita!

Lembrem-se de outro ditado, este muito usado pelo meu pai, Waldyr Cardoso Costa: "Calhordas também envelhecem..."

Colhendo os Benefícios

A Maçonaria é uma das instituições mais caridosas do mundo. Não só ela mantém lares esplêndidos para órfãos, viúvas e idosos, mas também cada Loja ajuda seus necessitados dignos da maneira que pode. Além de que em muitos Estados brasileiros possuímos a Mútua Maçônica, uma espécie de seguro. Portanto, há uma segurança razoável de que a Fraternidade cuidará de você quando ficar mais velho, e o enterrará se não houver mais ninguém que o faça.

Essa prática levou à crença de que a Maçonaria paga benefícios em morte, mas esse não é o caso, uma vez que o acordo acima é puramente individual. Se em algum momento você ou sua família estiverem passando necessidade, comunique o fato ao Venerável Mestre da sua Loja, que investigará sua condição e fará por você o que possa parecer necessário. Se em algum momento sua Loja lhe conceder ajuda financeira e você voltar a se encontrar em boa situação financeira, faça um esforço para reembolsar a Loja pelo que ela fez por você, pois, na próxima vez que precisar pedir ajuda, será recebido de muito bom grado.

Distintivos da Maçonaria

A primeira coisa que um Mestre Maçom recém-exaltado faz é ir até a joalheria e investir em um suprimento de joias maçônicas, um distintivo, um prendedor de gravata ou anel, ou talvez todos os três. Sabe-se que alguns compram esses sinais públicos antes mesmo de receberem um único Grau. Muitos anos atrás os membros da Fraternidade Maçônica não se rendiam à exibição. Se quaisquer emblemas maçônicos fossem usados, eles geralmente eram escondidos em algum lugar da roupa onde pudessem ser encontrados em caso de acidente.

Sempre se esperou que os maçons se fizessem conhecidos por conduta apropriada, e não por exibicionismo. É claro que o homem é um animal vaidoso, propenso a se enfeitar com badulaques. O uso de uma modesta quantidade de joias maçônicas não deve ser condenado, mas muitos dos principais maçons do mundo usam poucas coisas ou nada que tornem públicas suas crenças.

Não há dúvidas de que muitos membros da Fraternidade se enfeitam com joias maçônicas por motivos profissionais ou sociais. O homem de negócios, no entanto, sempre olha com desconfiança o vendedor que se aproxima dele com um grande esquadro e um compasso na parte da frente de seu casaco, ou que, ao sacudir o pingente de seu relógio, tente impressioná-lo com o fato de que é maçom, e que, portanto, merece consideração. Não pode haver objeção a um homem que use uma quantidade moderada de joias maçônicas, contanto que ele o faça de forma modesta e não com objetivos questionáveis. Não surpreende ver o pior bode expiatório na Fraternidade coberto de emblemas maçônicos, porque ele precisa empregar algum meio de garantir reconhecimento entre seus companheiros.

Viajando em Países Estrangeiros

Pode ser que um dos seus primeiros desejos seja visitar alguma outra Loja e experimentar sua recém-adquirida Maçonaria, além de ver como outras Lojas se conduzem. Visitar outras Lojas em países estrangeiros é um privilégio que só o Mestre Maçom que tenha possibilidade de viajar pode fazê-lo. No entanto, esse privilégio pode lhe ser negado por objeção de algum membro da Loja, sendo que nesse caso não há nada a fazer a não ser se submeter resignadamente.

Antes de tentar visitar outra Loja em que talvez não conheça nenhum membro, você deve se munir de um recibo de mensalidades ou de alguma outra forma de prova documentada mostrando que você está em boa situação (*good standing*) na sua Loja e na sua Potência, que deverá ser reconhecida pela Potência a que pertence a Loja que se pretende visitar. Consulte uma cópia do livro *List of Lodges*, onde constem o nome e o número de sua Loja. Depois, certifique-se de que está suficientemente posicionado nos Rituais dos três Graus, de forma que isso o permita passar em algum Trolhamento. Quando você se apresenta a alguma Loja e o comitê de Trolhamento o cumprimenta, não tente resolver as questões por conta própria. Peça sempre à sua Grande Loja como proceder. Não peça para ver a Carta Constitutiva da Loja, pois não há certeza de que você consiga saber se elas são genuínas. Não comece a questionar a comissão. Responda a todas as perguntas que possam lhe ser submetidas de maneira cortês, lembrando-se de que você está completamente à mercê da comissão que o está examinando, e que é da impressão que você passa que depende sua admissão à Loja que está tentando visitar.

Se o Irmão está em uma cidade estranha e deseja visitar uma Loja, é bom que pergunte, junto a alguém em quem você confie, sobre a localização do Templo Maçônico e sobre quais Lojas estão se reunindo. Existem algumas Lojas clandestinas que podem ser encontradas em todas as cidades grandes, e é necessário que o maçom desavisado fique atento.

Familiaridade Indevida

Cuidado com os homens que o cumprimentam com um forte aperto de mão e uma história patética sobre perder sua esposa em um acidente na estrada e, por não ter fundos, estar tentando voltar para casa. Em nove entre dez casos, ele é um impostor. Impostores são homens que foram suspensos ou expulsos da Fraternidade, ou que tiveram seus direitos suspensos, ou ainda, talvez, homens que tenham adquirido algum conhecimento da Fraternidade de alguma forma ilegítima e que andam pelo país fazendo-se passar por maçons em boa reputação, pedindo ajuda. Eles sempre têm o cuidado de escolher maçons recém-iniciados, elevados ou exaltados, porque em muitos casos contribuem generosamente com eles por causa da ignorância. O impostor médio é bem posicionado e pode demonstrar muito fluentemente as características de um maçom e dar com prontidão os sinais e apertos de mão. Ele contará uma história triste e pedirá um empréstimo, que promete pagar assim que conseguir chegar em casa.

Se não consegue obter o empréstimo, então pedirá R$ 50,00 (cinquenta reais) para comer alguma coisa ou talvez uma noite de hospedagem. A melhor forma de lidar com um mendigo maçônico é indicá-lo a um Mestre de sua Loja. Esses Oficiais possuem experiência em lidar com casos desse tipo e sabem exatamente o que fazer. O principal problema em dar dinheiro, ainda que em pequenas quantias, a esses itinerantes é que isso os incentiva a continuar nessa atividade de viajar por aí aproveitando-se do "Ofício". Se você se sensibilizar e quiser dar algumas moedas a um mendigo, faça-o da mesma forma que contribuiria a qualquer pedinte de rua, e com a consciência de que talvez o dinheiro será gasto em uísque, como acontece na maioria dos casos. Em nossas cidades há homens que ganham a vida abordando aqueles que usam emblemas maçônicos e pedindo dinheiro. Eles são todos impostores e não devem ser ajudados de forma alguma.

Valor nos Negócios

Diz um antigo ditado maçônico que a Maçonaria é uma coisa e que negócio é outra. Existe alguma verdade na afirmação se for interpretada que um homem não deve usar a Maçonaria para promover seus negócios. Não significa, no entanto, que ele não deva usar seus negócios para promover a Maçonaria. Todos nós dizemos que não devemos levar negócios e política para a Maçonaria, mas em nenhum lugar se diz que não devemos levar a Maçonaria aos negócios e à política. Isso tudo quer dizer que um homem deve conduzir seus negócios de forma direta, correta e honrada, e não enganar seus companheiros, especialmente seu Irmão maçom.

A Maçonaria não é uma agência de cobrança e não cobrará dívidas devidas a você dos membros da Fraternidade. Não se desaponte se membros do Ofício não o apoiarem, pois não existe nenhuma obrigação maçônica que exija que um maçom faça negócios com outro. No entanto, uma vez que as coisas estejam em pé de igualdade, não há por que membros da Fraternidade não fazerem negócios uns com os outros.

A Fraternidade deve promover um espírito de cooperação geral, e não há razão para que ela não possa servir à prática nos negócios. Não se exige que maçons votem uns nos outros em eleições políticas, mas por que eles não poderiam fazê-lo caso o Candidato seja membro da Fraternidade e acredite naquelas coisas em que todos os bons homens acreditam e que a Franco-Maçonaria tenta incitar em seus membros?

O maçom que vai às urnas e vota em um profano que ele sabe que é desonesto e manchado pela corrupção, no lugar de um membro da Fraternidade que ele sabe ser honesto, correto e confiável, traiu sua confiança como cidadão e maçom. Todo objetivo da Maçonaria é despertar em você os melhores elementos de sua natureza e, somente quando isso é conquistado, você se torna valoroso, tanto como maçom quanto como cidadão.

Pesado nas Balanças

A Maçonaria não é parcial. Não faz diferença nenhuma quem você é ou qual sua vocação na vida – quando você entra em uma Loja Maçônica, você não é melhor que o homem mais humilde que lá está.

Pode ser que você seja presidente de uma grande empresa e, se este for o caso, não deve se surpreender se encontrar o faxineiro que varre seu escritório como membro da mesma Loja, e, quando se encontram no altar da Maçonaria, vocês o fazem de forma igualitária.

Esse é um dos aspectos especiais da Maçonaria, no sentido de que ela nivela todas as distinções da vida e une os homens como homens, despidos do ambiente externo. Nenhum homem honra a Maçonaria. É o homem que é honrado quando é considerado digno de ser recebido no lar maçônico. A Maçonaria não tem favores especiais para ninguém. Suas regras e regulamentos se aplicam a todos da mesma forma. Portanto, não importa quem seja, você está sujeito às mesmas leis que qualquer outro membro do Ofício. Mais uma vez, provavelmente encontrará na Maçonaria homens que lhe prejudicaram muito. Talvez o mais amargo inimigo que você tem no mundo seja um membro da mesma Loja à qual você se afiliou.

Um dos grandes objetivos da Maçonaria é conciliar diferenças entre homens. Às vezes isso é muito difícil de se conseguir, por causa dos grandes males que os homens causam uns aos outros. No entanto, como maçom, não deve carregar suas diferenças pessoais para dentro da Loja. Espera-se que cumprimente seu inimigo na Loja da mesma forma fraternal que cumprimentaria qualquer outro maçom. Sua atitude para com ele servirá para estabelecer nas mentes de seus Irmãos onde é que está a falha, ou ao menos, criar um juízo a seu respeito.

Hospitalidade em Maçonaria

Como regra, os maçons são muito hospitaleiros e estão sempre prontos para ajudar os Irmãos em tempos de necessidade ou adversidade. Portanto, se estiver longe de casa e precisar de ajuda de qualquer tipo, peça por ela, pois é para isso que a Fraternidade está organizada.

Se estiver longe de casa e se encontrar sem fundos, procure um Mestre onde você estiver. Explique seu caso e identifique-se de forma apropriada. Se estiver sem identificação maçônica, como um recibo de mensalidades ou um certificado, não deve se surpreender se seu pedido for negado, pois é dever de todo maçom carregar consigo documentos de identificação maçônica apropriados. É bem provável que os Oficiais para quem fizer o pedido entrem em contato com sua Loja e forneçam assistência de acordo com a resposta que receberem. Certifique-se de aproveitar a primeira oportunidade que houver de reembolsar os Irmãos que o ajudaram.

Se estiver doente e precisar de auxílio, proceda da mesma forma descrita anteriormente. Os Oficiais da Loja em que estiver se comunicarão com sua Loja e agirão de acordo com as instruções que receberem, ou farão o que julgarem melhor sob as condições existentes. Se precisar de informação sobre negócios ou outros assuntos, sempre poderá obtê-la de forma maçônica.

Mas lembre-se de que, quando lhe é dada informação dessa maneira, é uma confiança sagrada e assim deve ser considerada. Se a qualquer momento violar uma confiança desse tipo, isso lhe trará o desprezo e o ódio daqueles que sabem de sua traição. Ocasionalmente, encontrará alguma frieza entre maçons, e às vezes as coisas que procura lhe serão negadas ou concedidas com tal disposição que lhe fará desejar nunca as ter solicitado. Isso não é culpa da Maçonaria, mas sim uma culpa individual de alguns homens cujo egoísmo inerente não cedeu mesmo sob a influência dos ensinamentos maçônicos.

Seu Dever Mais Elevado

Não pense que seu dever maçônico completo se encerra em comparecer à Loja e pagar suas mensalidades. Há muitos pequenos deveres impostos como um maçom, sobre os quais poderá se informar. Mas há outras formas pelas quais você pode se distinguir como maçom. É seu dever fraternal visitar os doentes e fazer caridade. No início da Fraternidade, era costume dos maçons cuidar dos doentes e se revezarem para ir à casa de algum Irmão enfermo e cuidar dele. Mas hoje em dia, com hospitais e enfermeiras treinadas, não há necessidade desse serviço.

Espera-se, no entanto, que maçons apelem para seus Irmãos que estão doentes e cuidem de seu bem-estar. Não espere até que um Mestre o chame e lhe diga para ir ver um Irmão doente, mas sempre que ouvir falar que um deles está de cama, é seu dever ligar e ir vê-lo. E nunca deixe de ir a funerais de seus Irmãos desencarnados. Esse é um dever maçônico sagrado, mas nesses tempos tão ocupados os maçons o estão esquecendo rápido demais. Se há no mundo algum momento em que a família de um maçom precisa do carinho e da solidariedade da Fraternidade, é nessa hora difícil em que o chefe da família foi chamado para o Oriente Eterno.

É verdade que se exige um sacrifício para comparecer a um funeral, mas chegará uma hora, e mesmo os mais sábios não sabem quando, em que seus Irmãos maçônicos serão chamados para se reunir em torno de seu caixão.

O exemplo que você deu ao comparecer a funerais maçônicos terá uma forte influência sobre os outros, de forma que seu próprio enterro não será negligenciado.

Visitar os doentes e enterrar os mortos são deveres maçônicos sagrados. Leva muito pouco tempo para realizá-los, mas os atos em si distinguirão cada Irmão e os marcarão como um maçom de coração e digno de nossa mais alta estima.

Zelo por sua Causa

Todo o seu valor para a Fraternidade será determinado pelo modo como você executa seu dever completo para com seus Irmãos. Se a Maçonaria significa algo para você, então cuidará de cumprir essas obrigações que lhe foram impostas, e uma das mais importantes é não trapacear, prejudicar ou fraudar seu Irmão. Qualquer maçom que faça isso não só marca a si mesmo como inadequado para a sociedade maçônica, como também se torna sujeito a acusações de conduta antimaçônica.

Um maçom nunca deve espalhar fofocas sobre seu Irmão. Se você ouvir uma história perniciosa sobre um membro da Fraternidade, é seu dever não repeti-la, e avisar o Irmão sobre o que está sendo dito, e, se ele for inocente, ajudá-lo a proteger sua reputação. Seu dever como maçom exige que você defenda um Irmão pelas costas assim como na frente.

Nunca golpeie um Irmão quando estiver com raiva, a não ser por autodefesa. As regras da Fraternidade exigem que você sussurre bons conselhos no ouvido de um Irmão que esteja fazendo algo de errado. É seu dever moral, ao ver um Irmão agindo de maneira imprópria, conversar com ele e ajudá-lo a ir pelo caminho certo. Você não tem obrigação de proteger maçons que tenham violado a lei civil.

Todo maçom que estiver em sérios apuros tem direito à sua humanidade, e o auxílio que você lhe conceder cabe ao seu conhecimento das condições e às exigências do caso. Lembre-se apenas de que toda relação maçônica é recíproca. Devemos tratar nossos Irmãos da mesma forma que gostaríamos de ser tratados sob circunstâncias parecidas. Que o seu zelo pela sua causa o leve a cumprir esses importantes deveres da melhor forma possível.

Conclusão

Por Wagner Veneziani Costa

Pertenci às Grandes Lojas Brasileiras, a maior Potência e a mais desenvolvida da América Latina.

Tente sempre que possível conhecer Irmãos e nossas Lojas, pois com certeza encontrará água e pão...

Seriedade, Serenidade, Lealdade, Fraternidade, Dignidade, Amor, entre tantos outras virtudes que procuramos nos seres humanos...

A Confederação da Maçonaria Simbólica do Brasil – CMSB é formada pelas 27 Grandes Lojas Maçônicas das unidades federativas do Brasil, que reúnem 2.765 Lojas e 126 mil membros ativos (*List of Lodges,* ed. 2013).

O termo surgiu na Idade Média, na Alemanha. Eram confrarias, onde os trabalhadores se reuniam. Também eram conhecidas como Corporação de Ofícios, *steinmetzen*, e serviam para regulamentar o processo produtivo artesanal nas cidades que contavam com mais de 10 mil habitantes. Essas unidades de produção artesanal eram marcadas pela hierarquia (Mestres, Oficiais e Aprendizes) e pelo controle dos segredos das técnicas do ofício. Com o crescimento das Lojas, foi necessário instituir uma Loja que centralizasse e unificasse todas as outras, daí então se cunhou a primeira Loja Principal, ou Grande Loja. O crescimento continuou e a necessidade de mais organismos centralizadores foi crescendo e foram criadas mais cinco Grandes Lojas. Em Colônia, Estrasburgo, Viena, Zurique e Magdeburgo. Depois da *Constituição de Anderson*, cada região pode ter apenas uma Grande Loja. Hoje, para cada Estado há uma Grande Loja.

Espero ter contribuído para seu crescimento, desenvolvimento, progresso e reconhecimento no mundo inteiro. Gosto de vestir uma camisa e me dedicar, e tenham certeza de que é exatamente isso que sempre faremos.

Sempre estivemos com o mesmo grupo de amigos... Apenas os amigos, os melhores que pude encontrar nesta minha maravilhosa Jornada, que denominamos VIDA!

E a Maçonaria sempre fez parte da minha Vida!

Oh! Grande Arquiteto do Universo,
Faça com que as nossas decisões, nossos dias, nossos pensamentos sejam os exatos reflexos da Tua Vontade
Que possamos caminhar com integridade...

Que nossas palavras brotem do fundo do nosso coração.

Que eu possa, antes de cruzar as Colunas do Oriente Eterno, olhar a marca de todos os meus passos e atos sem me envergonhar do pouco que tenha caminhado ou feito, se nesse pouco tenha podido lapidar uma única pedra que seja. E que meus Irmãos universais, ao passarem pelo lugar de meu último repouso, consigam ver, na soma de tudo o que pude ser ou fazer, um pequenino fragmento da Tua Presença.

Leitura Recomendada

ALÉM DO QUE SE OUVE
Metáforas, Parábolas e Canalizações

Wagner Veneziani Costa

Após o grande sucesso de Além do que se Vê, Cláudio Roque Buono Ferreira e Wagner Veneziani Costa trazem aos seus leitores mensagens de otimismo e confiança, desta vez em Além do que se Ouve.

ALÉM DO QUE SE VÊ
Cláudio Roque Buono Ferreira
Wagner Veneziani Costa

Esta obra apresenta ensinamentos sufis transmitidos por meio de metáforas, um método utilizado desde a Antiguidade pelos grandes mestres da História e que hoje é intensamente usado por profissionais de Neurolingüística e de Psicologia, por transmitir ao inconsciente do ser humano lições que podem transformar sua vida para melhor.

www.madras.com.br

Leitura Recomendada

O Arqueômetro

Chave de Todas as Religiões e de Todas as Ciências da Antiguidade

Saint-Yves D'Alveydre

Nas páginas deste livro, Saint-Yves D'Alveydre faz uma análise profunda do Arqueômetro, um instrumento pelo qual as relações das letras e das cores são determinadas cientificamente.

Maçonaria – Escola de Mistérios

A Antiga Tradição e seus Símbolos

Wagner Veneziani Costa

É comum ouvirmos que a Maçonaria consiste em uma instituição que congrega homens de bons costumes, solidários e transformadores da sociedade.

www.madras.com.br

MADRAS® Editora — CADASTRO/MALA DIRETA

Envie este cadastro preenchido e passará a receber informações dos nossos lançamentos, nas áreas que determinar.

Nome _____
RG _____ CPF _____
Endereço Residencial _____
Bairro _____ Cidade _____ Estado _____
CEP _____ Fone _____
E-mail _____
Sexo ❏ Fem. ❏ Masc.   Nascimento _____
Profissão _____ Escolaridade (Nível/Curso) _____

Você compra livros:
❏ livrarias   ❏ feiras   ❏ telefone   ❏ Sedex livro (reembolso postal mais rápido)
❏ outros: _____

Quais os tipos de literatura que você lê:
❏ Jurídicos   ❏ Pedagogia   ❏ Business   ❏ Romances/espíritas
❏ Esoterismo ❏ Psicologia ❏ Saúde   ❏ Espíritas/doutrinas
❏ Bruxaria   ❏ Autoajuda   ❏ Maçonaria ❏ Outros:

Qual a sua opinião a respeito desta obra? _____

Indique amigos que gostariam de receber MALA DIRETA:

Nome _____
Endereço Residencial _____
Bairro _____ Cidade _____ CEP _____

Nome do livro adquirido: ***O Livro Iniciados Maçonaria***

Para receber catálogos, lista de preços e outras informações, escreva para:

MADRAS EDITORA LTDA.
Rua Paulo Gonçalves, 88 – Santana – 02403-020 – São Paulo/SP
CEP: 02403-020 – São Paulo/SP
Tel.: (11) 2281-5555 – (11) 98128-7754
www.madras.com.br

MADRAS® Editora

Para mais informações sobre a Madras Editora,
sua história no mercado editorial
e seu catálogo de títulos publicados:

Entre e cadastre-se no site:

www.madras.com.br

Para mensagens, parcerias, sugestões e dúvidas, mande-nos um e-mail:

marketing@madras.com.br

SAIBA MAIS

Saiba mais sobre nossos lançamentos,
autores e eventos seguindo-nos no facebook e twitter:

@madrased

/madraseditora